SK Rapid
SK Rapid (football club)

FK Austria
FK Austria (football club)

Wiener Sport-Club
Vienna Athletic Club

Schloss Schönbrunn
Schönbrunn Palace

U-Bahn-Linien
Vienna Underground

Hundertwasserhaus
Hundertwasser House

MA 48
Municipal Dept. 48
(waste management, street cleaning and vehicle fleet)

Donau
Danube

Stephansdom
St. Stephen's Cathedral

Dank / Acknowledgements:
Valerie Besl, Julia Fischer, Ilse Helmreich, Andrea Kostner, Heinz Prüller, Wolfgang Remmel, Holger Sicking, Karin Steinhart, Karin Svoboda, Marialuise Thurner, Silvia Wahrstätter, Angela Zettel.

Auch bei Folio erschienen / Also available from Folio:

Hermann Gummerer / Franziska Hack
Infographics: no.parking
ISBN 978-3-85256-607-8

Sonja Franzke
Infographics: no.parking
ISBN 978-3-85256-630-6

Martin Wittmann
Infographics: no.parking
ISBN 978-3-85256-646-7

Hermann Gummerer / Franziska Hack
Infographics: no.parking
ISBN 978-3-85256-656-6

1. Auflage / edition 2015

Idee & Konzept / Idea & Concept: Hermann Gummerer, Franziska Maria Hack; no.parking
Translation into English: Jennifer Taylor
Lektorat / Proofreading: Franziska Maria Hack, Hermann Gummerer
Druckvorstufe / Prepress Service: Typoplus, Frangart
Grafik und Umbruch / Graphic design: no.parking, Vicenza
Printed in Italy
ISBN 978-3-85256-665-8

www.folioverlag.com

Sonja Franzke * Infographics: no.parking

TOTAL ALLES ÜBER WIEN

THE COMPLETE VIENNA

Folio

Das hat Größe
The size of it all

Wiens Fläche und seine Einwohnerzahl schwanken historisch stark. Für den Wiener selbst ist „Wien ja ein Dorf", aber da geht es mehr um Bekanntschaften. / Vienna's area and population have fluctuated considerably throughout history. The Viennese themselves say that "Vienna is a village", but they're referring more to the sense of community here.

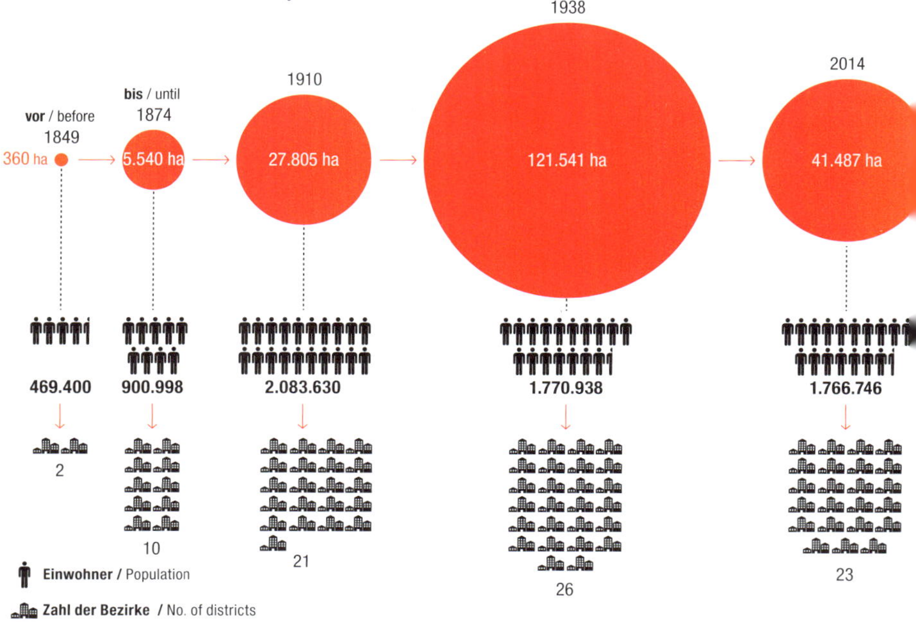

FLÄCHE WIENS / VIENNA'S AREA (2014)

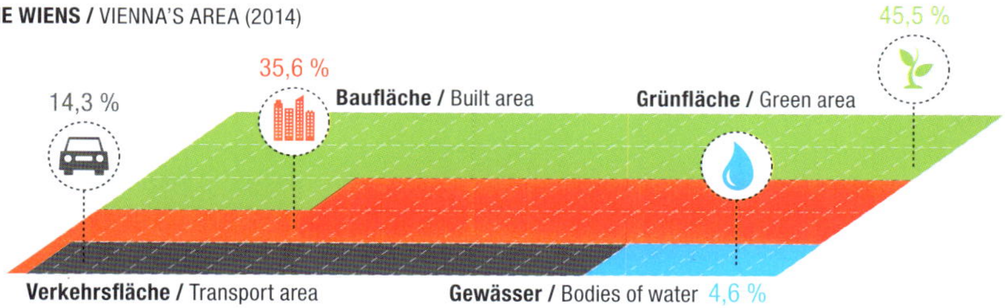

FLÄCHE NACH GEMEINDEBEZIRK
AREA BY MUNICIPAL DISTRICT

1. Innere Stadt
2. Leopoldstadt
3. Landstraße
4. Wieden
5. Margareten
6. Mariahilf
7. Neubau
8. Josefstadt
9. Alsergrund
10. Favoriten
11. Simmering
12. Meidling
13. Hietzing
14. Penzing
15. Rudolfsheim-Fünfhaus
16. Ottakring
17. Hernals
18. Währing
19. Döbling
20. Brigittenau
21. Floridsdorf
22. Donaustadt
23. Liesing

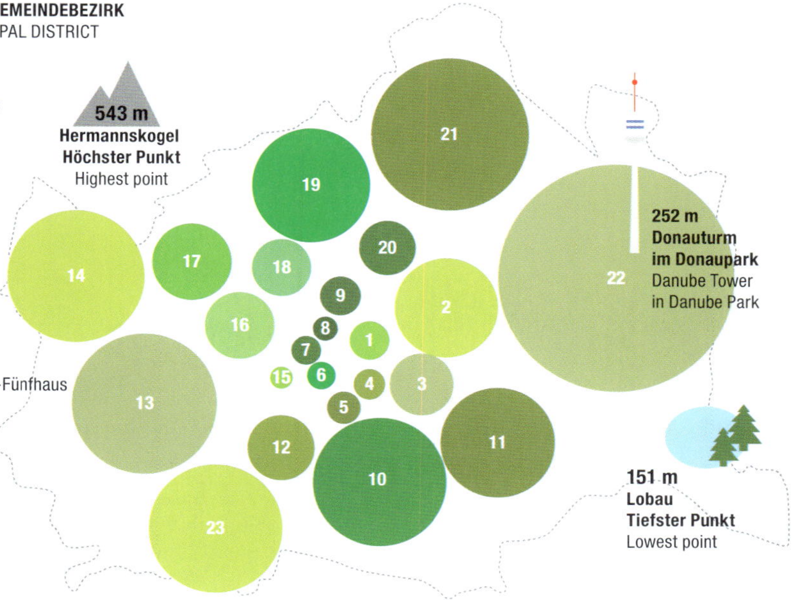

24 Stunden
24 hours

Was sich in Wien so alles im Laufe eines Tages ereignet. /
All that happens on an average day in Vienna.

51
Kinder kommen auf die Welt.
children are born.

21
Ehen werden geschlossen.
weddings take place.

??
Seitensprünge
extra-marital affairs

46
Ehen werden geschieden.
divorces are finalised.

86.251
Kinder gehen in die Schule.
children go to school.

2,5 Mio. / mil.
Personen fahren mit den Wiener Linien.
people use Vienna Lines public transport.

638.840 l
Wasser werden von Haushalten verbraucht.
of water is used by households.

3.561 kg
Lebensmittel werden weggeworfen.
of food is thrown away.

18
Unternehmen werden neugegründet.
companies are founded.

19
Unternehmen werden geschlossen.
companies cease operations.

92.588.670 €
Wert der Waren, die importiert werden
Value of goods imported

50.187.647 €
Wert der Waren, die exportiert werden
Value of goods exported

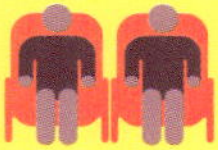

7.042
Personen gehen ins Theater.
people attend the theatre.

13.752
Personen gehen ins Kino.
people go to the cinema.

3.454
Personen besuchen das Kunsthistorische Museum.
people visit the Kunsthistorisches Museum.

16.691
Bücher werden aus öffentlichen Bibliotheken entliehen.
books are borrowed from public libraries.

6
Personen erhalten die österreichische Staatsbürgerschaft.
people are granted Austrian citizenship.

155
Ausländer wandern nach Wien ein.
foreigners immigrate to Vienna.

103
Wiener wandern ins Ausland aus.
Viennese emigrate abroad.

877.385
Personen sind unselbstständig erwerbstätig.
people go to work for an employer.

36
Körperverletzungen
physical injuries

174
Diebstähle
thefts

2
Veruntreuungen
cases of embezzlement

1.497
Strafanzeigen
criminal complaints

189
Autos werden neu zugelassen.
cars are registered.

19
Unfälle im Straßenverkehr
road accidents

845
Operationen
operations

44
Personen sterben.
people die.

Das Kind muss einen Namen haben
On a first-name basis

Die verbreitetsten Vornamen in Wien bzw. wie Kinder heute benannt werden. Auch für Gegenstände und Situationen haben die Wiener mitunter einen Namen parat. / The most common first names and most popular baby names in Vienna. The Viennese also like to think up names for objects and situations.

Trulala

Großes, ungeschicktes Mädchen
Big, clumsy girl

Mundl

Echter Wiener, der nicht untergeht
Star of "You Can't Bring a Good Viennese Man Down"

Waldi

Hund
Dog

Karl

„Da hama an Koal ghabt!" (Da hatten wir Spaß.)
We had so much fun.

Jennifer

… aber Jennifer, aber dalli (von Jennifer Rush)
Get a move on!

Steffl

Stephansdom
St. Stephen's Cathedral

Peppi

Perücke
Wig

Marie

Geld
Money

Hansi

Eichhörnchen
Squirrel

Andreas
Alexander
Thomas
Peter
Martin
Franz
Michael
Johann
Christian
Gerhard
Raphael
Philipp
Paul
Leon
David
Lukas
Jakob
Tobias
Maximilian
Alexander
Anna
Helga
Brigitte
Christine
Eva
Maria
Elisabeth
Elfriede
Monika
Emilia
Andrea
Viktoria
Sophia
Anna
Sarah
Sophie
Laura
Emma
Lea

Der Wiener und sein Fiaker
The Viennese and his fiaker

Rund 230 Euro ist dem Wiener das Wunschkennzeichen für seine Kutsche wert. Allerdings besitzt nur jeder 30. ein Auto. / Viennese are willing to splash out 230 euros for vanity plates. However, only one in 30 residents of the city own a car.

W OSTOK 1	W ARMAN 1	W BIG 1
W LOSMI 4	W MEAT 1	W UEST 3
W SOCKE 1	W WODKA 1	W URST 3
W OZU 6	W HANDY 1	W URM 1
W SPATZ 4	W INWIN 1	W ANNA 6
W MASL 1	W MAMA 1	W HERE 2
W ILOVU 2	W OLKE 7	W ALLI 2
W AMOR 2	W ENDE 89	W EIB 7
W CHAOT 1	W JUS 1	W ITZ 3

Ein echter Wiener geht nicht unter
A true Viennese never gets lost in the crowd

Wie viele Personen jährlich nach Wien zu- und aus Wien wegziehen /
The number of people moving to Vienna and moving away each year

90.441
Personen ziehen nach Wien zu.
people move to Vienna.

+ 22.314
Personen gewinnt Wien durch Wanderungsbewegungen hinzu.
Number of people Vienna gains through migration movements.

68.127
Personen ziehen aus Wien weg.
people leave Vienna.

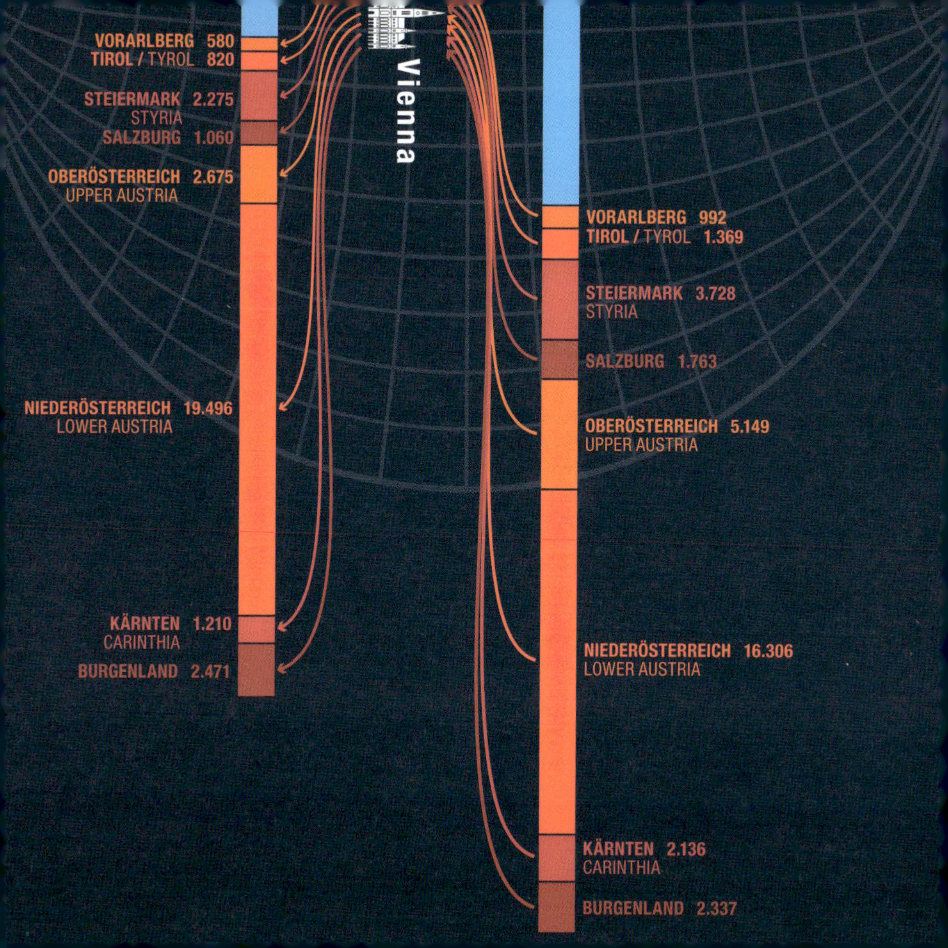
Vienna
VORARLBERG 580
TIROL / TYROL 820
STEIERMARK 2.275
STYRIA
SALZBURG 1.060
OBERÖSTERREICH 2.675
UPPER AUSTRIA
NIEDERÖSTERREICH 19.496
LOWER AUSTRIA
KÄRNTEN 1.210
CARINTHIA
BURGENLAND 2.471
VORARLBERG 992
TIROL / TYROL 1.369
STEIERMARK 3.728
STYRIA
SALZBURG 1.763
OBERÖSTERREICH 5.149
UPPER AUSTRIA
NIEDERÖSTERREICH 16.306
LOWER AUSTRIA
KÄRNTEN 2.136
CARINTHIA
BURGENLAND 2.337

Der Südbahnhof ist Geschichte
Vienna South Station is history

Das Projekt des neuen Wiener Hauptbahnhofs. /
The project for the new Vienna Main Station.

4 Mrd. / bln. €
Erwartete Gesamtinvestition am gesamten Areal
Anticipated total investment for entire complex

BAHN-INFRASTRUKTURPROJEKT / RAILWAY INFRASTRUCTURE PROJECT

ca. 50 ha **Gesamtfläche Bahn-Infrastrukturprojekt**
Total area of railway infrastructure project

ca. 6,7 km **Länge** / length

ca. 30.000 m²
Brückenneubau / new bridges

ca. 300 **Weichen** / switch points

100 km **Gleis** / tracks

ca. 8 km **Lärmschutzwände** / noise barriers

14.000 **Lärmschutzfenster** / soundproof windows

2015

Dezember: Fertigstellung des gesamten Gleisprojektes, Vollbetrieb / December: completion of entire track project, full operation

2020

Weitgehende Fertigstellung des Stadtviertels
City quarter largely completed

5 **überdachte Inselbahnsteige**
roofed island platforms

10 **Bahnsteigkanten**
platform edges

NEUES STADTVIERTEL: IMMOBILIENPROJEKT
NEW CITY QUARTER: REAL ESTATE PROJECT

59 ha
Gesamtfläche
Total area

550.000 m²
Bürofläche
office space

8 ha
Grünfläche
green area

20.000
Arbeitsplätze
jobs

5.000
Wohneinheiten
apartments
für / for
ca. 13.000
Menschen
people

KREUZUNGSPUNKT DREIER TEN-KORRIDORE
INTERSECTION OF THREE TEN CORRIDORS

VERKEHRSSTATION HAUPTBAHNHOF WIEN
TRANSPORT HUB AT VIENNA MAIN STATION

AUF DEM DACH / ON THE ROOF

1.000 m²
Photovoltaik-Kollektoren
photovoltaic collectors

128 MWh
Energieertrag pro Jahr
energy produced per year

(**52 t**
CO_2-Ausstoß werden dadurch vermieden.
CO_2 emissions are hence avoided.)

630
PKW-Stellplätze
parking spaces

ca. 1.150
Radabstellplätze
bicycle spaces

115
Geschäfte und Gastronomiebetriebe
shops and restaurants

Haben Sie Wien schon bei Nacht gesehen?

Have you seen Vienna by night?

Wien-Reisen sind für Wiener wie für ihre Besucher ein Gewinn. /
A stroll through Vienna is always a pleasure – for visitors and locals alike!

6,2 **Mio.** / mil.
Ankünfte / arrivals

77,9 %
Ausländer
foreigners

22,1 %
Inländer
Austrians

13,5 **Mio.** / mil.
Nächtigungen pro Jahr
overnight stays per year

2,18 **Nächte** / nights
bleibt ein Tourist durchschnittlich in der Stadt.
Average tourist stay

250 €
gibt ein Tourist durchschnittlich am Tag aus.
Average amount a tourist spends per day

Bettenangebot
Number of beds available

67.875 **Betten insgesamt** / Total number of beds

7.722
in 5-Sterne-Hotels
in 5-star hotels

30.454
in 4-Sterne-Hotels
in 4-star hotels

16.229
in 3-Sterne-Hotels
in 3-star hotels

7.565
in 1- und 2-Sterne Hotels
in 1- and 2-star hotels

1.464
in Ferienwohnungen und Privatzimmern / in holiday flats and private guesthouses

4.423
in Jugendherbergen
in youth hostels

+ 3.178
Betten auf Campingplätzen
beds at campgrounds

Wo die Wien-Touristen herkommen / Where tourists in Vienna come from:

										andere others
22,1 %	18,1 %	5,3 %	4,5 %	3,8 %	3,6 %	2,9 %	2,8 %	2,7 %	2,2 %	32 %

Um die Gäste in Wien kümmern sich / Attending to Vienna's guests are:

13.300
Freizeit- und Tourismusbetriebe
leisure and tourist establishments

79.181
Beschäftigte in Freizeit- und Tourismusbetrieben
employees in leisure and tourist establishments

650
Fremdenführer
tourist guides

?
historisch gekleidete Konzertkarten-Verkäufer
historically costumed concert ticket sellers

1.300
Eventagenturen
event agencies

20
Wedding-Planer
wedding planners

Außerdem hat Wien seinen Gästen zu bieten / What else Vienna has to offer its guests:

2.000
Kaffeehausbetriebe
coffee houses

140
klassische Kaffeehäuser
classic coffee houses

2.500
Gast- und Schanigärten
beer gardens and pavement cafés

5
Sterne-Lokale
Michelin-starred restaurants
(Michelin Europe 2013)

100
Heurigen- und Weinlokale
wine bars and taverns

100
Eissalons
ice cream parlours

Wie die Wien-Urlauber anreisen / How tourists arrive in Vienna:

46 %
Flugzeug / plane

33 %
Auto / car

15 %
Bahn / train

4 %
Bus / coach

1 %
Wohnwagen
caravan

1 %
Motorrad
motorbike

Glaub'st i bin bled, dass i waß wir i haas

Do you think I'm so stupid that I know my own name?

Amtssprache ist natürlich Deutsch, für den näheren Kontakt mit den „Eingeborenen“ sollte man aber schon ein paar Fachausdrücke kennen. / Although the official language in Vienna is of course German, it doesn't hurt to learn a bit of the local argot if you want to converse with the “natives”.

Servas
Servus, hallo
Hello!

gschamsda Dina
gehorsamster Diener
I'm your humble servant.

Háwedere
Ich habe die Ehre
It's an honour.

Baba
Tschüß
Bye-bye.

Krügerl
Biermaß (0,5 l)
Beer size (0.5 litres).

Seidl
Biermaß (0,3 l)
Beer size (0.3 litres).

Hüsn
Hülse, Bierdose
Beer can.

Obi g'spritzt
Apfelsaftschorle
Apple juice spritzer.

Gell
Nicht wahr?
Right?

Des haut mi fiare
Das baut mich auf!
That's what drives me!

Na no na net
Was denn sonst?
Of course! What did you think?

Moch ned so a Theater
Mach nicht so einen Aufstand!
Don't make such a fuss about it!

Nudlaug
dummer Mensch
Noodle-eyes.

Lusch'n
mutloser Mensch
Coward.

Owedsara
arbeitsscheuer Mensch
Lazybones.

Oarmutschgal
armes Geschöpf
Poor thing.

Trampel
einfältige Person
Oaf.

Bfosdn
Pfosten, beschränkter Mensch
Dumb as a post.

Öha
Hoppla!
Oops!

Na Servas
Da schau her!
Look at that!

Geh leck
Tatsächlich!
Go on!

Bist Du deppad
Bist Du blöd!
Are you joking?

Na, Oida
Mann, Alter!
Hey man!

I hau mi o
Ich lach' mich schlapp!
I'm laughing my head off!

Sackerl
Tüte
Bag.

Patsch'n
platter Reifen
Slipper; flat tyre.

Bahöl
Wirbel, Krawall
Fuss, ruckus.

Drah di ham
Hau ab!
Bugger off!

Kiwara (auch Kiberer)
Polizist
Policeman.

Tschik
Zigarette
Cigarette.

Kommen Sie, staunen Sie!
Come and marvel at the sights!

Besucher pro Jahr
visitors per year

Die Kulturmetropole und ehemalige Hauptstadt der Donaumonarchie bietet eine Fülle an Sehenswertem. Hier die Quotenhits der letzten Jahre. / The cultural metropolis and former capital of the Danube Monarchy offers abundant attractions for one and all. Here are some of the most frequented sights in recent years.

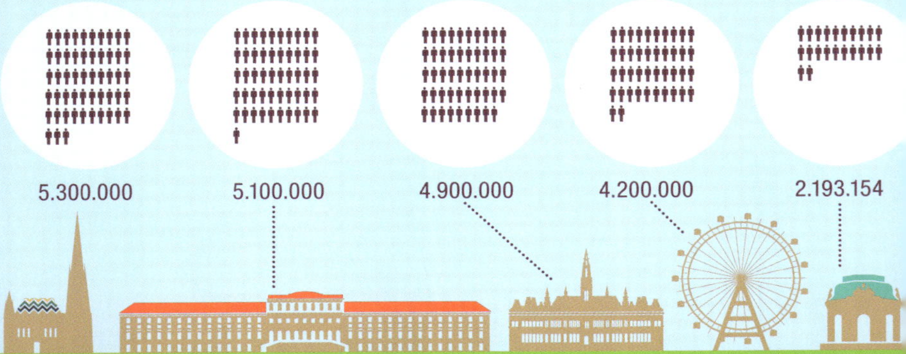

STEPHANSDOM
ST. STEPHEN'S CATHEDRAL

137 m
Höhe Südturm
Height of south tower

Siebthöchstes sakrales Bauwerk der Welt
Seventh-highest sacred building in the world

SCHLOSS SCHÖNBRUNN
SCHÖNBRUNN PALACE

1.441
Zimmer
rooms

16,50 €
Eintrittspreis Erwachsene / Adult admission price

RATHAUSPLATZ
TOWN HALL SQUARE

1,8 t
Gewicht des Rathausmanns auf der Spitze des Rathauses
Weight of the Rathausmann statue atop City Hall

PRATER

SCHÖNBRUNN TIERGARTEN
SCHÖNBRUNN ZOO

3 x bester Zoo Europas
Voted 3 x the be zoo in Europe

200.000
Bienen wohnen auf dem Dach. Honig wird im Shop verkauft.
bees live on the roof. Honey is sold in the museum shop.

240.000 m²
Fläche
floor area

2.600
Räume
rooms

10
Gebäude
buildings

957.802

778.853

754.768

645.000

631.126

ÖSTERREICHISCHE GALERIE BELVEDERE

1955
Unterzeichnung des Staatsvertrags
Signing of the Austrian Independence Treaty

KUNST-HISTORISCHES MUSEUM

NATURHISTORISCHES MUSEUM
MUSEUM OF NATURAL HISTORY

39
Schauräume
exhibit halls

1.000
Fossilien
fossils

HOFBURG MIT KAISER-APPARTEMENTS + SISI MUSEUM + SILBERKAMMER
HOFBURG WITH IMPERIAL APARTMENTS + SISI MUSEUM + SILVER COLLECTION

ALBERTINA

1.034.300
Arbeiten
artworks

Kaiser-Rebus

Kaiser Rebus

Seit 1918 ist Österreich Demokratie, aber im österreichischen Alltag ist der Kaiser noch allgegenwärtig. / Austria has been a democracy since 1918, but the emperor (Kaiser) is still omnipresent in everyday life.

1

4

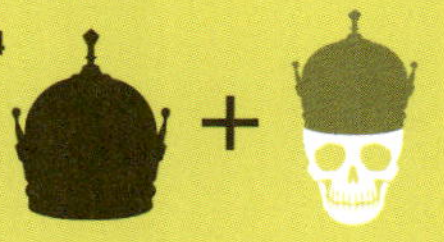

7

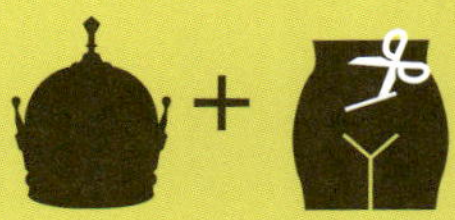

2

5

8

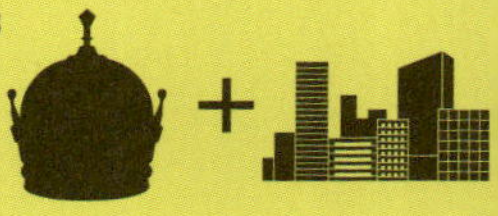

3

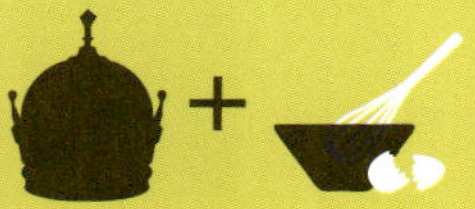

6

9

Lösungen / Solutions: **1** Kaisersemmel / Kaiser roll, hard roll, **2** Kaiservilla / Emperor's villa (Ischl), **3** Kaiserschmarrn (dish of cut-up pancakes with raisins), **4** Kaisergruft / Emperor's crypt, **5** Kaiserhymne / Emperor's hymn, **6** Wir sind Kaiser / We Are Emperor (satirische TV-Talkshow / satirical TV talkshow), **7** Kaiserschnitt / Caesarean section, **8** Kaisermühlen (Teil des 22. Wiener Gemeindebezirks / part of the 22th district of Vienna), **9** Kaisermelange, **10** Kaisergugelhupf (Napfkuchen / Bundt cake), **11** Um des Kaisers Bart (streiten), (über Belanglosigkeiten diskutieren) / Fight about the Emperor's beard (to quarrel about trifles), **12** Kaiserfleisch (Bruststück oder Bauchfleisch vo[n] Schwein / ham made only from the eye of the pork loin), **13** Kaisergebirge / Kaiser Mountains, **14** Kaiserwetter (strahlendes Sonnenwetter / sunny weather), **15** Kaiserbier (Biermarke / beer brand), **16** Kaiserwalzer / Emperor's waltz, **17** „Na servas Kaiser!" (Ausdruck des Erstaunens, etwa: „Meine Fresse!" / Expression of astonishment: "My goodness!"), **18** Kaiserkrone (Giftpflanze / poisonous plant).

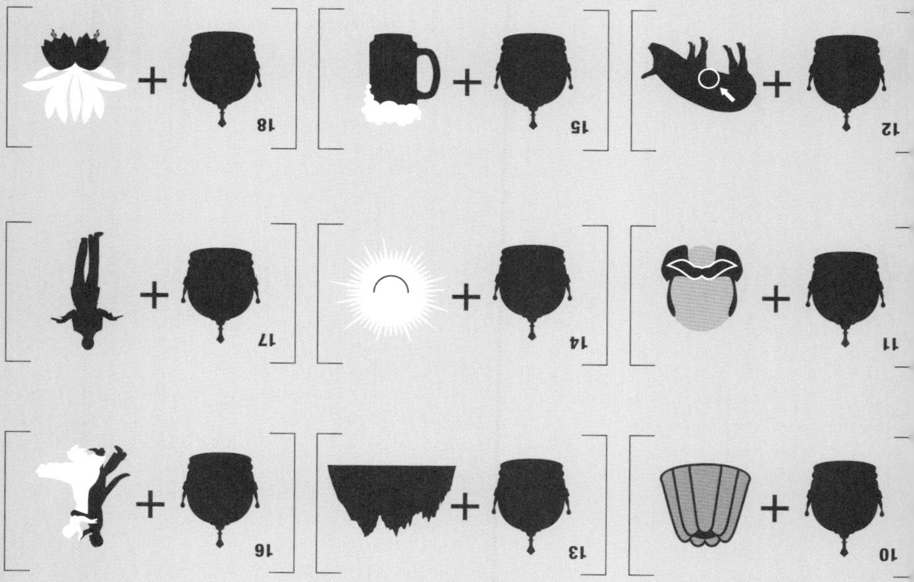

Der Wiener Prater
The Vienna Prater

Hier geht es nicht um die Wurst! /
An amusement park like no other!

GESCHICHTE / HISTORY

Prater
von lat. PRATUM „Wiese“
from the Latin word PRATUM,
or “meadow”

1162
wird der Prater erstmals erwähnt (in einer Urkunde des Kaisers Friedrich I. Barbarossa).
Prater first mentioned (in a document of Emperor Friedrich I Barbarossa).
Lange Zeit kaiserliches Jagdgebiet.
Long used as an imperial hunting ground.

1766
stellt Joseph II. den Prater als Erholungsgebiet der Allgemeinheit zur Verfügung.
Joseph II opens the Prater to the public as a recreation area.

FLÄCHE / AREA

6.000.000 m²
Fläche des Gesamtareals (Wurstelprater und „Grüner“ Prater zusammen)
Area of the entire grounds (Wurstelprater and “Green” Prater together)

250.000 m²
Vergnügungsfläche des „Wurstelpraters“
Area of “Wurstelprater” amusement park

≈ 35 x

Der Name des „ältesten Vergnügungsparks der Welt“ ist keineswegs kulinarischen Ursprungs. Er leitet sich von den nach Hans Wurst benannten Wursteltheatern ab, die im 19. Jahrhundert fixer Bestandteil von Jahrmärkten waren.
Although the “world’s oldest amusement park” got its start with the “Wurstel” theatres that could be found at every 19th-century funfair, these were named after the comic figure Han Wurst and had nothing to do with the sausages that are often consumed there today.

BESUCHER UND BETRIEBE
VISITORS AND ESTABLISHMENT

4,2 Mio. / mil.
Besucher pro Jahr
visitors per year
(Für Wiener ist ein Besuch Pflichttermin nach der Erstkommunion. /
For the Viennese, a visit is a must after First Communion.)

> 1.000
Angestellte / employees

120
Betriebe / establishments
2/3 Schausteller
rides and activities
1/3 Gastronomiebetrieb
restaurants

IM „GRÜNEN“ PRATER / IN THE “GREEN” PRATER

Prater-Hauptallee
Praterstern – Lusthaus
(schnurgerade / main axis**)**

4,5 km
Länge / length

max. 5 m
Höhendifferenz
height difference

ca. 2.500
Alleebäume
trees lining the edges

Lilliputbahn
(schmalspurige Parkeisenbahn /
the park’s own miniature railway**)**

3,9 km
Länge / length

4 €
Ticket für eine Rundfahrt
round-trip ticket

WAHRZEICHEN / LANDMARKS

Riesenrad / Giant Ferris Wheel:

1897
erbaut / built

0,75 m/s = 2,7 km/h
Fahrgeschwindigkeit / speed

64,97 m
Höhe / height

430 t
Gewicht / weight

Toboggan

25 m
Rutschturm, der im Jahr 2000 aus Mitteln der Kulturabteilung und privaten Spenden für 350.000 € restauriert wurde / slide restored in 2000 with €350,000 in funds from the Viennese Cultural Affairs Department and private donations

Calafati

9 m
Chinese aus Kunststein
Chinese figure made of artificial stone

Watschenmann

höchste Punkteanzahl für die beste Watsche (Ohrfeige)
The highest score goes to the one with the best *Watsche* (slap in the face).

Odyssee einer Kaiserin
An Empress's Odyssey

Herrscherinnen gab es viele, aber keine hinterließ so bleibende Spuren wie Elisabeth (Sisi) von Österreich-Ungarn: Bücher, Filme, Denkmäler … und unzählige Mythen und Gerüchte. / History has seen a number of female sovereigns, but none left behind such a colourful legacy as Elisabeth (Sisi) of Austria-Hungary, including books, films, monuments … and countless myths and rumours.

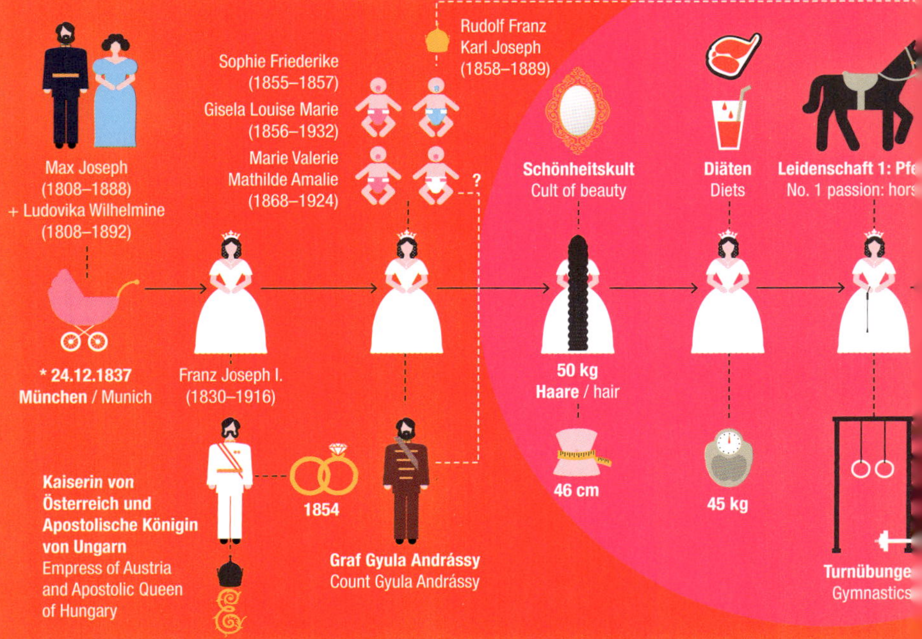

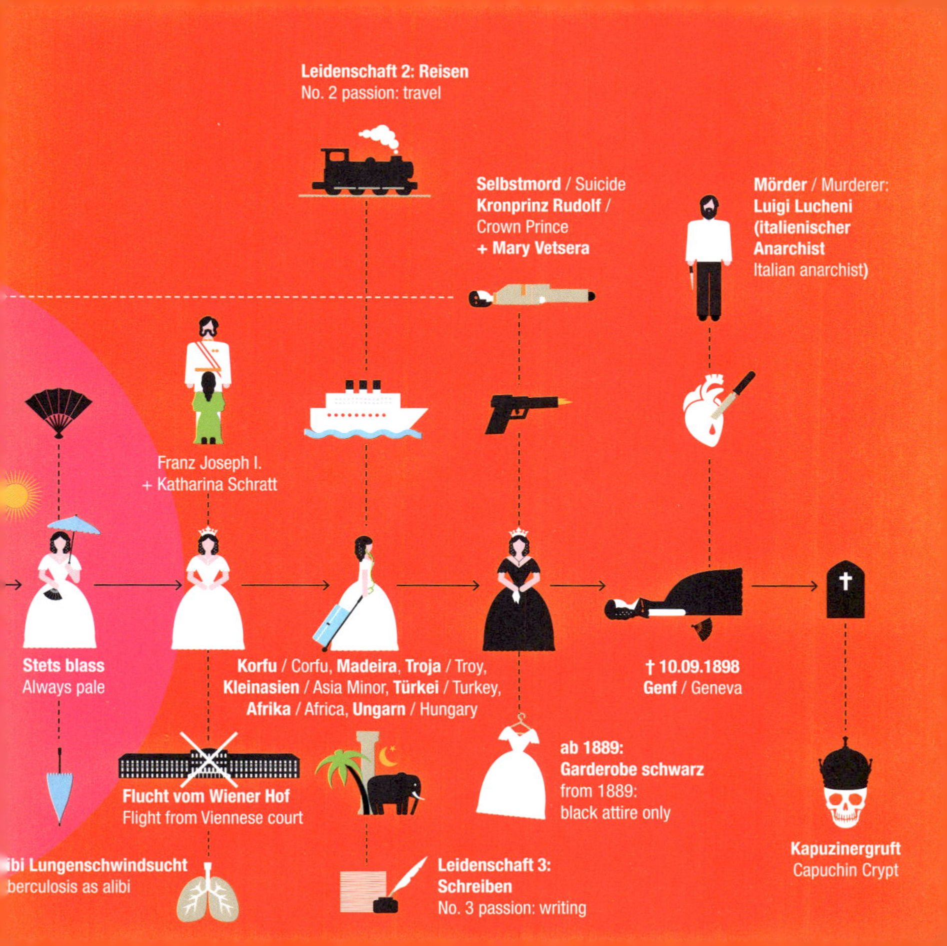

Leidenschaft 2: Reisen
No. 2 passion: travel
Selbstmord / Suicide
Kronprinz Rudolf / Crown Prince
+ Mary Vetsera
Mörder / Murderer:
Luigi Lucheni
(italienischer Anarchist
Italian anarchist)
Franz Joseph I.
+ Katharina Schratt
Stets blass
Always pale
Korfu / Corfu, Madeira, Troja / Troy,
Kleinasien / Asia Minor, Türkei / Turkey,
Afrika / Africa, Ungarn / Hungary
† 10.09.1898
Genf / Geneva
Flucht vom Wiener Hof
Flight from Viennese court
ab 1889:
Garderobe schwarz
from 1889:
black attire only
ibi Lungenschwindsucht
berculosis as alibi
Leidenschaft 3:
Schreiben
No. 3 passion: writing
Kapuzinergruft
Capuchin Crypt

Prosit Neujahr!
Happy New Year!

Das Jahr beginnt traditionell mit dem Läuten der Pummerin*, gefolgt von den Tönen des Donauwalzers und – 11 Stunden später – vom Neujahrskonzert. / The year begins traditionally with the ringing of the Pummerin*, followed by the strains of the Blue Danube Waltz and – 11 hours later – the New Year's Concert.

* **Glocke des Stephansdoms, größte Glocke Österreichs**
Bell of St. Stephen's Cathedral, largest bell in Austria

2.000 Karten / tickets
30–940 € Preis pro Karte
Price per ticket
9.392,33 €
Schwarzmarkt-Höchstpreis
Highest price on black market

Blumenschmuck von den Wiener Stadtgärten
Floral decorations from the Vienna city parks
30.000 Blumen / flowers

Clemens Krauss
Österreich / Austria

Josef Krips
Österreich / Austria

Willi Boskovsky
Österreich / Austria

Lorin Maazel
USA

Herbert von Karajan
Österreich / Austria

Claudio Abbado
Italien / Italy

Carlos Kleiber
Österreich / Austria

Zubin Mehta
Indien / India

Riccardo Muti
Italien / Italy

Nikolaus Harnoncourt
Österreich / Austria

Seiji Ozawa
Japan

Mariss Jansons
Lettland / Latvia

Georges Prêtre
Frankreich / France

Daniel Barenboim
Israel

Franz Welser-Möst
Österreich / Austria

Übertragung / Broadcast:
80 Länder / countries
1,284 Mio. ZuseherInnen weltweit
mil. viewers worldwide

CD-Auslieferung / CD delivery:
40.000 in Österreich / Austria
150.000 weltweit / worldwide

DVD-Auslieferung / DVD delivery
17 Tage später / days later

Sehen und gesehen werden

To see and be seen

Der Opernball ist DAS gesellschaftliche Ereignis des Jahres für Wirtschaft, Adabeis und Fernsehzuschauer im In- und Ausland. / The Vienna Opera Ball is THE society event of the year for businesspeople, the smart set and television viewers in Austria and abroad.

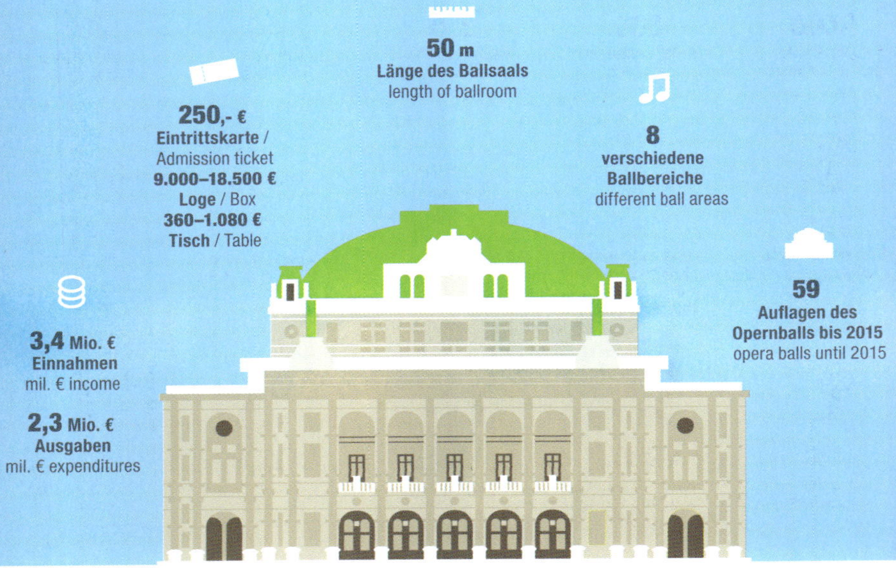

600
Sektkübel
champagne buckets

800
Flaschen Sekt und Champagner
bottles of sparkling wine and champagne

900
Flaschen Wein
bottles of wine

1.000
Sandwiches
sandwiches

1.800
Paar Würstel
pairs of sausages

4.000
Besteckteile
pieces of cutlery

800
Gulaschsuppen
bowls of goulash soup

280
Fachkräfte für die Bewirtung
catering staff

350
Facharbeiter
technicians

150
Hilfskräfte
assistants

250
Sicherheitsleute
security staff

160
Sträußchen für Debütantinnen
bouquets for the debutantes

480
Blumengestecke für Tische / flower arrangements for the tables

165
Blumenarrangements für die Logen / flower arrangements for the boxes

80
Lastwagen
lorries

120
Musiker
musicians

288
Debütantinnen und Debütanten
debutants

16
Paare als Reserve
couples in reserve
Alter: 17–24 Jahre
Age: 17–24 years

4.830
Ballgäste
ball guests

29+?
Gäste in Richard Lugners Loge
Guests in Richard Lugner's box

1991 Gina Lollobrigida (abgesagt / cancelled) / 1992 Harry Belafonte / 1993 Joan Collins / 1994 Ivana Trump / 1995 Sophia Loren / 1996 Grace Jones / 1997 Sarah Ferguson / 1998 Raquel Welch / 1999 Faye Dunaway / 2000 Jacqueline Bisset, Nadja Abd el Farrag / 2001 Farrah Fawcett / 2002 Claudia Cardinale / 2003 Pamela Anderson / 2004 Andie MacDowell / 2005 Geri Halliwell / 2006 Carmen Electra / 2007 Paris Hilton / 2008 Dita Von Teese / 2009 Nicollette Sheridan / 2010 Dieter Bohlen / 2011 Karima el-Mahroug („Ruby Rubacuori"), Larry Hagman, Zachi Noy / 2012 Brigitte Nielsen, Roger Moore / 2013 Mira Sorvino, Gina Lollobrigida / 2014 Kim Kardashian / 2015 Elisabetta Canalis, ?

„Alles Walzer!“
“Everyone waltz!”

So lautet die alljährliche Einladung an das Ballpublikum nach der Eröffnung des Opernballs. / With these words, the guests are summoned to the dance floor at the opening of the Vienna Opera Ball.

Die Ballsaison
The ball season

♪ **Wiener Ballsaison** / Vienna ball season:
11.11. bis Faschingsdienstag
11th November to Shrove Tuesday

♪ **52 %**
der Österreicher und Österreicherinnen besuchen einen oder mehr Bälle im Jahr.
of Austrians attend at least one ball a year.

Der Walzer
The waltzes

♪ **¾ -Takt** / time

♪ **Grundschritt aus 6 Schritten**
Basic pattern made up of 6 steps

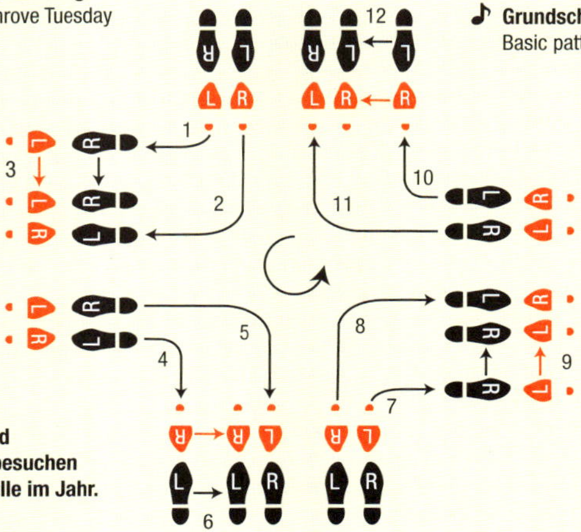

Frack
White tie

1 **Jacket ●**
Vorne taillenkurz, wird offen getragen
Mit Seidensatin geschmückte spitze Revers
Hinten knielange Schwalbenschwänze

2 **Weste ○**
Revers
Eingelassene Westentaschen
Einreihig oder zweireihig mit Perlmuttknöpfen
Kein Rückenteil, stattdessen Taillenriemen

3 **Hemd ○**
Gestärkte Piquébrust
Knöpfe aus Perlmutt oder Brillanten
Kläppchenkragen („Vatermörder")
Einfache Manschette

4 **Schleife ○**
Aus Baumwoll-Piqué

5 **Hose ●**

6 **Accessoires**
Seidenschal
Glaceehandschuhe
Frackuhr mit Kette (Armbanduhr = Fauxpas!)

7 **Schmuck**
Orden

● Tailcoat 1
Cut away in front, worn open
Peaked lapels faced in silk or grosgrain
Knee-length swallow tail in back

○ Waistcoat 2
Lapels
Welt pockets
Single- or double-breasted with mother of pearl buttons
Backless, with waist straps

○ Shirt 3
Stiff piqué front
Mother of pearl or diamond studs
Stiff wing tip collar
Single cuffs

○ Bowtie 4
Cotton piqué

● Trousers 5

Accessories 6
Silk scarf
Kid gloves
Tailcoat watch with chain
(wristwatch = faux pas!)

Jewellery 7
Medals

Die wichtigsten Komponisten
The key composers

Johann Strauss (Vater / Senior**)**
152 **Walzer** / waltzes

Johann Strauss (Sohn / Junior**)**
500 **Walzer** / waltzes

Josef Lanner
200 **Walzer** / waltzes

Pferdchen lauf Galopp!
All the king's horses

In der Spanischen Hofreitschule werden in ca. 70 Vorstellungen pro Jahr die sechs Figuren der klassischen Reitkunst vorgeführt. / At the Spanish Riding School the six movements of classical dressage are presented in some 70 performances per year.

430
Jahre / years

72
Hengste / stallions

20
Bereiter / riders

> 300.000
Besucher pro Jahr / visitors a year

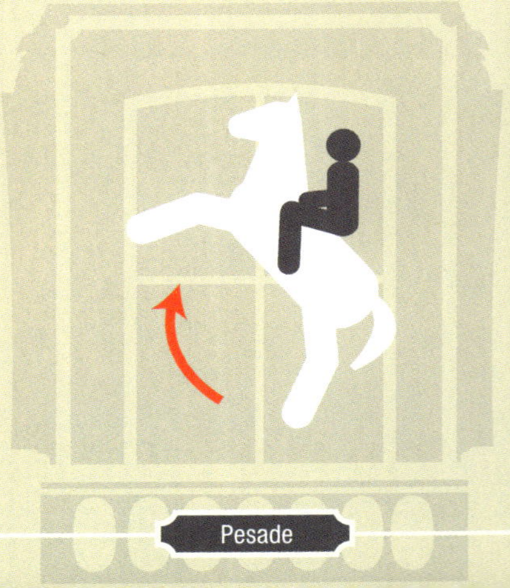

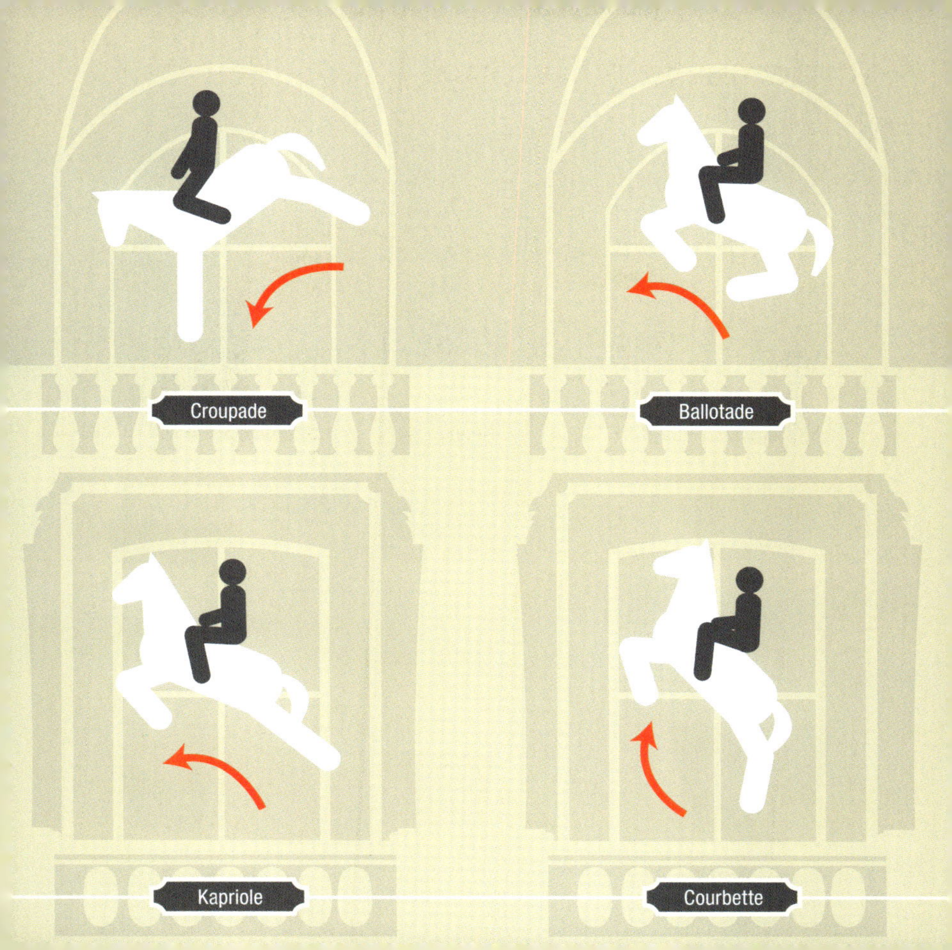
Croupade
Ballotade
Kapriole
Courbette

Was darf's sein, die Herrschaften?
May I take your order please?

Das Wiener Kaffeehaus ist mehr als ein Gastbetrieb, es ist eine Institution. Um als Tourist nicht aufzufallen, bestellt man das gewünschte Heißgetränk am besten möglichst präzise. Bei „Kaffee" unbedingt die Betonung auf der Endsilbe beachten! / The Vienna coffeehouse is more than just a café – it's an institution. In order not to be marked as a tourist, it's best to use the exact right name when ordering a hot drink. When saying "Kaffee", always put the accent on the last syllable!

* geschlagene Sahne

** nach einem Wiener Philharmoniker benannt
named after a member of the Vienna Philharmonic Orchestra

Schlag*
whipped cream
Marillenlikör / apricot liqueur
Mocca / mocha
Biedermeier Kaffee
Honig / honey
Cognac oder Weinbrand
cognac or brandy
Eigelb / egg yolk
Mocca / mocha
Kaisermelange
Milch oder Schlag*
milk or whipped cream
Mocca / mocha
Kapuziner
Milchschaum / milk foam
Milch / milk
Espresso
Melange
starker Espresso
strong espresso
Mocca
Kaffeeobers / cream
Kaffee
coffee
Brauner
heiß geschäumte Milch
foamy steamed milk
Mocca
mocha
Schale Gold
Wasser / water
Schwarzer
oder Brauner
black or brown
Verlängerter
Schlag*
whipped cream
Rum oder Cognac
rum or cognac
Espresso
Fiaker

Zuckersüße Metropole
City of cakes

Ob man seine Torte oder seinen Kuchen mit oder ohne Schlag (= Sahne) isst, ist wurscht. An Süßem besteht jedenfalls kein Mangel an Auswahl. / Vienna has no shortage of cakes and pastries of every variety, whether or not you opt for “Schlag” (whipped cream) on top.

- **Mehl** / flour
- **Wasser** / water
- **Milch** / milk
- **Butter** / butter
- **Ei** / eggs
- **Eidotter** / egg yolks
- **Eiklar** / egg whites
- **Kristallzucker** / granular sugar
- **Puderzucker** / icing sugar

Sachertorte / Sacher cake

Esterházytorte / Gateau Esterházy

Gugelhupf / Bundt cake

Rum
Germ
yeast
Krapfen / Beignets
Walnüsse
walnuts
Öl / oil
Semmelbrösel
breadcrumbs
Butterschmalz
clarified butter
Apfelstrudel / Apple strudel
Pistazien
pistachios
Rum
Gelatine
gelatin
Malakofftorte / Charlotte Malakoff
Rum
Germ
yeast
Obers
single cream
Butterschmalz
clarified butter
Vanillepuddingpulver
vanilla custard powder
Dukatenbuchteln mit Vanillesauce
Sweet yeast dumplings with vanilla sauce

Eine Schnitte geht um die Welt
A wafer travels the world

Was alles in neun feinen Schichten steckt. / What goes into those nine delicate layers.

1890
Gründung der „Chocoladenfabrik Josef Manner“
Founding of the chocolate factory “Chocoladenfabrik Josef Manner”

1897
100 Mitarbeiter
employees

1898
Einführung
Launch
„Neapolitaner Schnitte No. 239“

1913
Börsengang
Initial public offering:
Josef Manner & Comp. AG

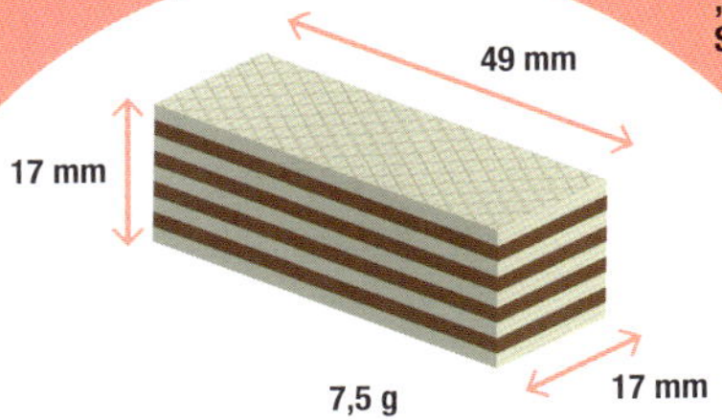

Neapolitaner Schnitte No. 239

Eine 75-g-Taschenpackung Neapolitaner-Schnitten enthält:
A 75 g pack of Neapolitan wafers contains:

48,98 g Kohlehydrate / carbohydrates
4,05 BE / carbohydrate exchange
2,63 g Ballaststoffe / dietary fibre
4,2 g Eiweiß / protein
16,2 g Fett / fat

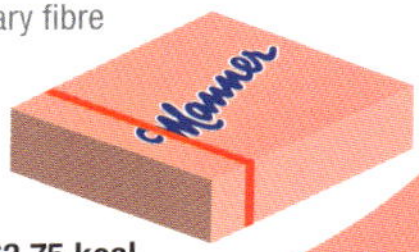

363,75 kcal

60
Vertrieb in Länder
countries supplied

9.000 t
Kakaobohnen werden zu Schokolade verarbeitet
cocoa beans are made into chocolate.

700
Mitarbeiter / employees

1
Steinmetz für den Erhalt des Stephansdoms
stonemason for conservation work on St. Stephen's Cathedral

1960
Verpackungsinvention für die Manner-Schnitte: aromasichere Doppel-Aluminiumfolie und roter Aufreißfaden
New packaging invented for the Manner wafers: double aluminium foil as flavour seal, with a red tear strip

1970
Zusammenschluss mit der Süßwarenfirma Napoli, Ragendorfer & Co.
Merger with the confectionary company Napoli, Ragendorfer & Co.

1996
Übernahme der Süßwarenfirma Walde Candita
Takeover of the confectionary company Walde Candita

2000
Übernahme der Süßwarenfirma Victor Schmidt & Söhne
Takeover of the confectionary company Victor Schmidt & Söhne

2003
Product-Placement in Terminator 3 mit Arnold Schwarzenegger
Product placement in Terminator 3 starring Arnold Schwarzenegger

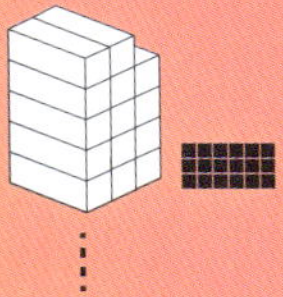

14.000 t
Schokolade werden hergestellt.
chocolate is produced.

101
Produkte
products

48.000 t
Süßwaren werden produziert.
confectionary goods are produced.

232.800.000.000 kcal
Das entspricht dem Jahresenergiebedarf von 318.904 Menschen.
This is equivalent to the annual calorie requirements of 318,904 people.

Das muss ein Stück vom Himmel sein ...

A little piece of heaven ...

Wien und der Wein sind untrennbar miteinander verbunden. Im originalen Heurigen holt man sich das Essen vom Buffet, zu trinken gibt es Wein und Antialkoholisches, sonst nichts. / Vienna and wine are inextricably linked. In the original "Heuriger" taverns, food comes from the buffet and the only drinks on offer are wine and soft drinks.

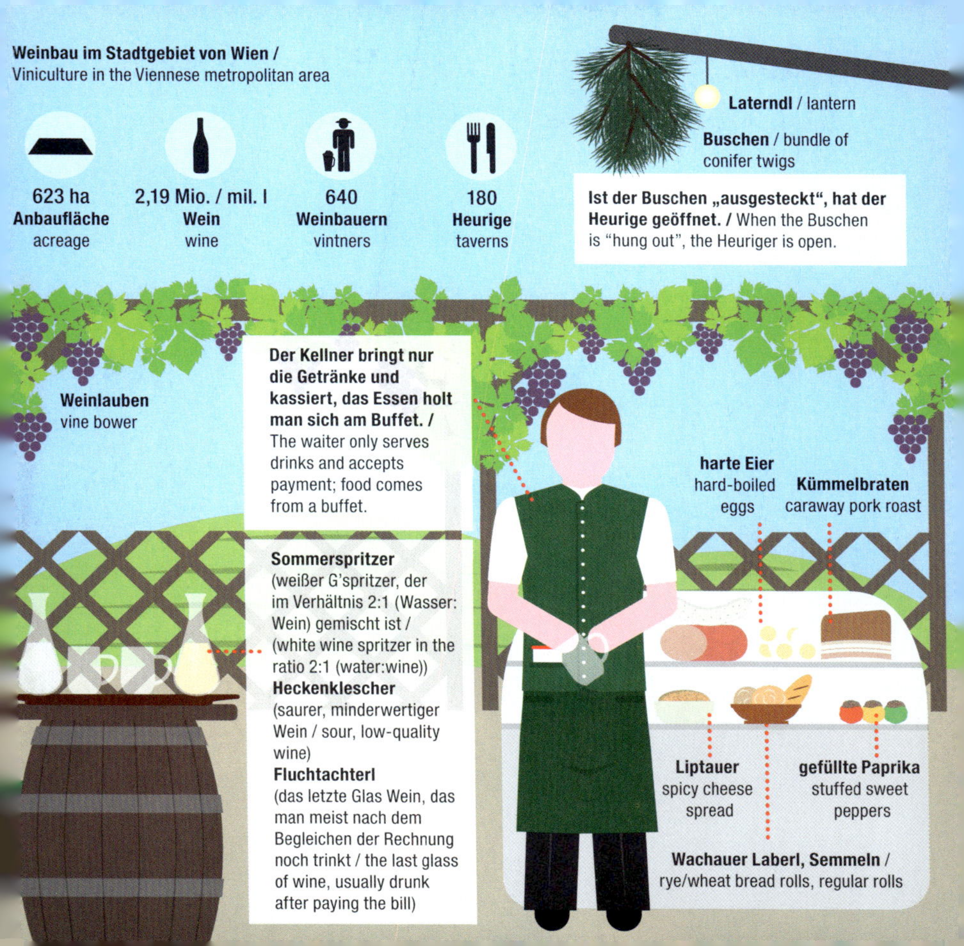

Weinbau im Stadtgebiet von Wien /
Viniculture in the Viennese metropolitan area
623 ha
Anbaufläche
acreage
2,19 Mio. / mil. l
Wein
wine
640
Weinbauern
vintners
180
Heurige
taverns
Laterndl / lantern
Buschen / bundle of conifer twigs
Ist der Buschen „ausgesteckt", hat der Heurige geöffnet. / When the Buschen is "hung out", the Heuriger is open.
Weinlauben
vine bower
Der Kellner bringt nur die Getränke und kassiert, das Essen holt man sich am Buffet. / The waiter only serves drinks and accepts payment; food comes from a buffet.
Sommerspritzer
(weißer G'spritzer, der im Verhältnis 2:1 (Wasser: Wein) gemischt ist / (white wine spritzer in the ratio 2:1 (water:wine))
Heckenklescher
(saurer, minderwertiger Wein / sour, low-quality wine)
Fluchtachterl
(das letzte Glas Wein, das man meist nach dem Begleichen der Rechnung noch trinkt / the last glass of wine, usually drunk after paying the bill)
harte Eier
hard-boiled eggs
Kümmelbraten
caraway pork roast
Liptauer
spicy cheese spread
gefüllte Paprika
stuffed sweet peppers
Wachauer Laberl, Semmeln /
rye/wheat bread rolls, regular rolls

Knusprig goldgelb
Golden brown and crispy

Auch wenn das Wiener Schnitzel nicht in Wien entstand, die echten (und größten) serviert bereits in vierter Generation das Wiener Innenstadt-Gasthaus Figlmüller. / Even though Wiener Schnitzel wasn't actually invented in Vienna, the genuine (and biggest) article is already being served in the fourth generation in the restaurant Figlmüller in Vienna's city centre.

4–6 Portionen
Serves 4–6

ca. 30 Min. / min.
Vorbereitungszeit
preparation time

ca. 4–5 Min. / min.
Kochzeit
cooking time

griffiges Mehl
coarse flour

Semmelbrösel
breadcrumbs

2–3 kg Kalbsnuss
veal flank

Prise Salz
pinch of salt

Eier
eggs

Butterschmalz oder Pflanzenöl
clarified butter or vegetable oil

1

Kalbsnuss sorgfältig zuputzen.
Carefully clean veal and pat dry.

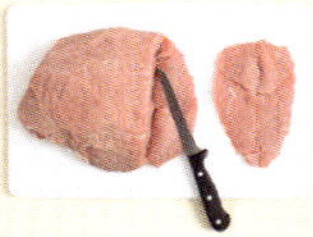

Ca. 220 g Schnitzel schneiden (Schmetterlingsschnitt).
Cut into approx. 220 g cutlets (butterfly cut).

2

Dünn ausklopfen.
Pound thin.

Salzen.
Salt.

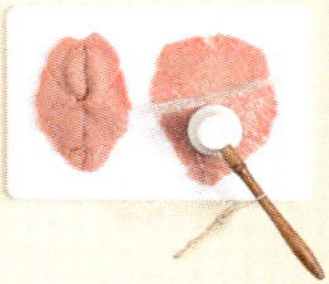

3

Schnitzel in Mehl wenden, durch verschlagenes Ei ziehen und mit Semmelbröseln panieren.
Dredge cutlets in flour, dip in beaten egg and coat with breadcrumbs.

4

In heißem Butterschmalz goldgelb herausbacken.
Fry in hot clarified butter until golden brown.

5

Abtropfen lassen.
Let fat drain off.

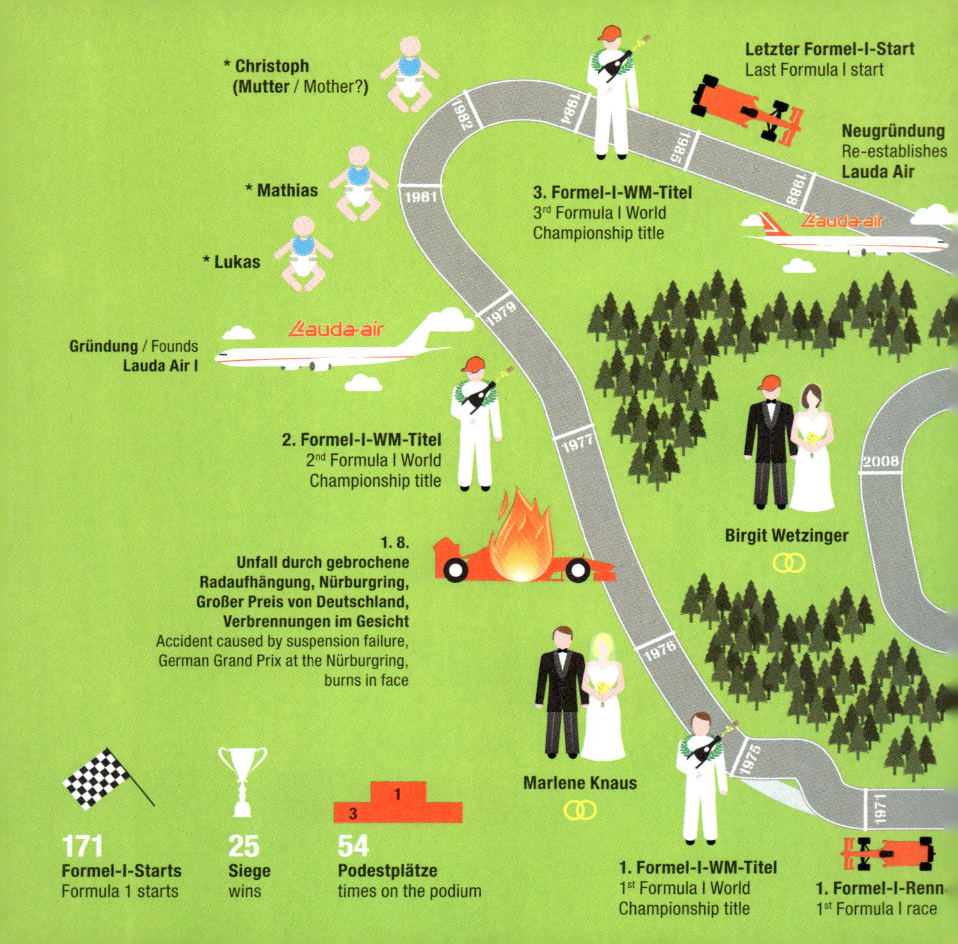
* Christoph
(Mutter / Mother?)
Letzter Formel-I-Start
Last Formula I start
1982
1984
1985
1988
Neugründung
Re-establishes
Lauda Air
* Mathias
1981
3. Formel-I-WM-Titel
3rd Formula I World
Championship title
Lauda-air
* Lukas
1979
Lauda-air
Gründung / Founds
Lauda Air I
2. Formel-I-WM-Titel
2nd Formula I World
Championship title
1977
2008
Birgit Wetzinger
1. 8.
Unfall durch gebrochene
Radaufhängung, Nürburgring,
Großer Preis von Deutschland,
Verbrennungen im Gesicht
Accident caused by suspension failure,
German Grand Prix at the Nürburgring,
burns in face
1976
1975
1971
Marlene Knaus
1
3
171
Formel-I-Starts
Formula 1 starts
25
Siege
wins
54
Podestplätze
times on the podium
1. Formel-I-WM-Titel
1st Formula I World
Championship title
1. Formel-I-Renn
1st Formula I race

Mister Kapperl
The man with the cap

Niki Lauda: Österreichs rasantestes Leben. /
Niki Lauda: Life in Austria's fast lane.

Lauda-Air-Flug 004 stürzt über Thailand ab (Ursache Schubumkehr), 223 Todesopfer.
Lauda Air Flight 004 crashes over Thailand (caused by thrust reverser), 223 deaths.

Scheidung von Marlene
Divorces Marlene.

Nierentransplantation I, Spender: Bruder Florian
Kidney transplant I, donor: brother Florian

Nierentransplantation II
Kidney transplant II
Spenderin / donor:
Birgit Wetzinger

Übernahme Lauda Air durch Austrian Airlines
Lauda Air taken over by Austrian Airlines

Gründung / Founds
NIKI Luftfahrt GmbH (*flyniki*)

Aufsichtsratsvorsitzender des Mercedes-Formel-I-Teams
Chairman of the supervisory board of the Mercedes Formula I team

Übernahme flyniki durch Air Berlin
flyniki taken over by Air Berlin

*** Max und** / and **Mia**

„Rush“ Hollywood-Spielfilm über sein Leben
Hollywood feature film about his life
(Drehbuchautor / screenplay: **Peter Morgan)**

Formel V
Formula V
. Interview mit Heinz Prüller
st interview with Heinz Prüller

*** 22. 2. 1949 Wien** / Vienna
Andreas Nikolaus „Niki“ Lauda („Mister Kapperl“)

Das Zentrum der Abkürzungen
Acronym Central

Wien ist eines der vier UNO-Hauptquartiere. Neben den 18 Teilorganisationen der Vereinten Nationen haben weitere 17 internationale Organisationen ihren Sitz in Wien. / Vienna is one of the four UN headquarters. Along with 18 United Nations sub-organisations, an additional 17 international organisations are based in Vienna.

VIENNA INTERNATIONAL CENTER (VIC)

1973–1979
Bauzeit
construction period

22 Mio. / mil. €
Betriebskosten pro Jahr
operating costs per year

127 m
Höhe bis zur Spitze
height at highest point

7
cent auf 99 Jahre
cents every 99 years
Miete pro Jahr
annual rent

118 m
Höhe bis zum Dach
height up to roof

6
Bürotürme
office towers

> 2.000
Sitzungen pro Jahr
sessions per year

28
Etagen
floors

6.000
Beschäftigte, davon 1/4 Österreicher
employees, thereof 1/4 Austrians

230.000 m²
Geschossfläche
floor area

17 ha
Grundfläche
footprint

UNOV Büro der Vereinten Nationen in Wien / United Nations Office in Vienna, **UNIDO** Organisation der Vereinten Nationen für industrielle Entwicklung / United Nations Industrial Development Organization, **IAEO / IAEA** Internationale Atomenergie-Organisation / International Atomic Energy Agency, **CTBTO** Vorbereitungskommission für die Organisation des Vertrags über das umfassende Verbot von Nuklearversuchen / Preparatory Commission for the Comprehensive Nuclear-Test-Ban Treaty Organization, **UNODC** Büro der Vereinten Nationen für Drogen- und Verbrechensbekämpfung / United Nations Office on Drugs and Crime, **UNOIOS** Amt für interne Aufsichtsdienste / United Nations Office of Internal Oversight Services, **UNOOSA** Büro der Vereinten Nationen für Weltraumfragen / United Nations Office for Outer Space Affairs, **UNCITRAL** Kommission der Vereinten Nationen für Internationales Handelsrecht / United Nations Commission on International Trade Law, **UNEP-ISCC** Umweltprogramm der Vereinten Nationen, Büro Wien – Interimssekretariat des Karpatenübereinkommens / United Nations Environment Programme, Vienna office– Interim Secretariat of the Carpathian Convention, **UNHCR** Hoher Flüchtlingskommissar der Vereinten Nationen, Büro Wien / United Nations High Commissioner for Refugees, Vienna office, **UNIS** Informationsdienst der Vereinten Nationen Wien / United Nations Information Service Vienna, **UNPA** Postverwaltung der Vereinten Nationen / United Nations Postal Administration, **UNSCEAR** Wissenschaftlicher Ausschuss der Vereinten Nationen zur Untersuchung der Auswirkungen der atomaren Strahlung / The United Nations Scientific Committee on the Effects of Atomic Radiation, **INCB** Internationaler Suchtstoffkontrollrat / International Narcotics Control Board, **UNRoD** Register der Vereinten Nationen für die Erfassung der durch den Bau der Mauer in dem besetzten palästinensischen Gebiet verursachten Schäden / United Nations Register of Damage Caused by the Construction of the Wall in the Occupied Palestinian Territory, **UNODA** Büro der Vereinten Nationen für Abrüstungsfragen / United Nations Office for Disarmament Affairs, **SE4ALL** UN-Büro für Nachhaltige Energie für Alle / Sustainable Energy for All Initiative.

Organisationen und Institutionen der Vereinten Nationen mit Sitz im VIC

United Nations organisations and institutions based at the VIC

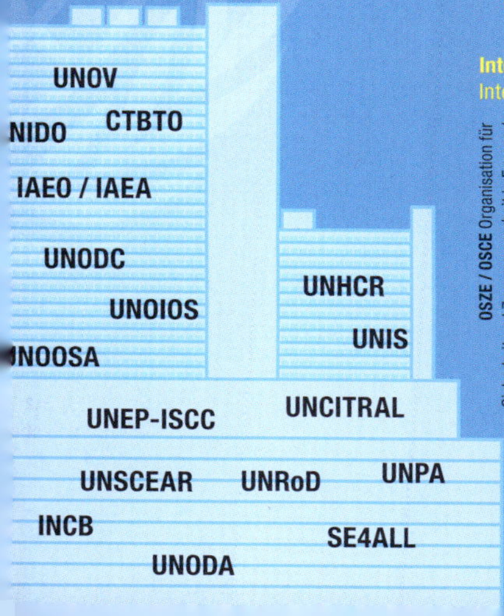

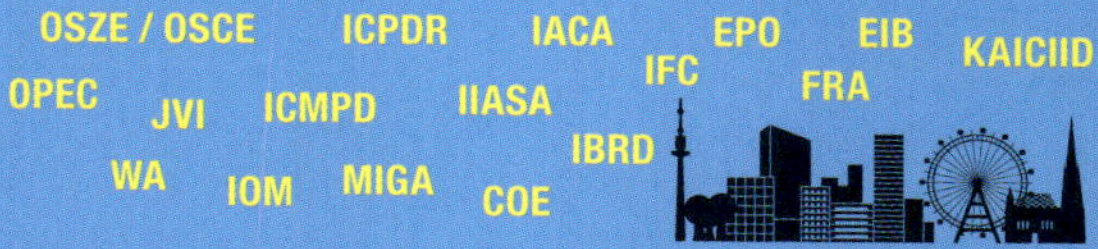

Internationale Organisationen und Institutionen mit Sitz in Wien

International organisations and institutions based in Vienna

OSZE / OSCE Organisation für Sicherheit und Zusammenarbeit in Europa / Organization for Security and Co-operation in Europe, **OPEC** Organisation der erdölexportierenden Länder / Organization of Petroleum Exporting Countries, **FRA** Agentur der Europäischen Union für Grundrechte / European Union Agency for Fundamental Rights, **WA** Wassenaar Arrangement für Exportkontrolle von konventionellen Waffen und doppelverwendungsfähigen Technologien und Gütern / The Wassenaar Arrangement on Export Controls for Conventional Arms and Dual-Use Goods and Technologies, **ICMPD** Internationales Zentrum für Migrationspolitikentwicklung / International Centre for Migration Policy Development, **IOM** Internationale Organisation für Migration / International Organization for Migration, **JVI** Joint Vienna Institute, **ICPDR** Internationale Kommission zum Schutz der Donau / International Commission for the Protection of the Danube River, **IIASA** Internationales Institut für angewandte Systemanalyse / International Institute for Applied Systems Analysis, **IACA** Internationale Anti-Korruptionsakademie / International Anti-Corruption Academy, **EPO** Europäisches Patentamt / European Patent Office, **COE** Europarat / Council of Europe, **IBRD** Internationale Bank für Wiederaufbau und Entwicklung, Verbindungsbüro / International Bank for Reconstruction and Development, liaison office, **MIGA** Multilaterale Investitions-Garantie-Agentur / The Multilateral Investment Guarantee Agency, **IFC** Internationale Finanz-Corporation / International Finance Corporation, **EIB** Europäische Investitionsbank / The European Investment Bank, **KAICIID** König Abdullah Bin Abdulaziz Internationales Zentrum für interreligiösen und interkulturellen Dialog / King Abdullah bin Abdulaziz International Centre for Interreligious and Intercultural Dialogue

Wien, Wien, nur du allein ...
Vienna, city of my dreams ...

Eine emotionale Landkarte / A map infused with emotions

Quellen / References

Autobahnen- und Schnellstraßen-Finanzierungs-Aktiengesellschaft, www.asfinag.at

Bundesministerium für Europa, Integration und Äußeres, www.bmeia.gv.at

Bundesministerium für Land- und Forstwirtschaft, Umwelt und Wasserwirtschaft, www.bmlfuw.gv.at

Cafe-Konditorei Fürst GmbH, Salzburg, www.original-mozartkugel.com

derStandard.at; http://derstandard.at

Fercher, Dietmar & Andrea Karrer: Süße Klassiker. St. Pölten: Residenzverlag 2010.

Figlmüller GmbH, Wien, www.figlmüller.at

Figlmüller, Hans & Thomas Figlmüller: Figlmüller – Wiener Küche. Kochen nach Bildern. Wien: echomedia 2012.

Futurezone GmbH, http://futurezone.at

Heinz Prüller

Hornung, Maria & Sigmar Grüner: Wörterbuch der Wiener Mundart. 2., erweiterte und verbesserte Auflage. Wien: öbv 1998.

Hotel Sacher, Wien, www.sacher.com

Josef Manner & Comp. AG, Wien, www.manner.com

Kaffee Kompetenz Zentrum im Österreichischen Gesellschafts- und Wirtschaftsmuseum, Wien, www.kaffeemuseum.at

KFZ-Kennzeichengenerator, www.kennzeichengenerator.com

Kunsthistorisches Museum Wien, www.khm.at

Landespolizeidirektion Wien, www.polizei.gv.at/wien

Magistrat der Stadt Wien MA 23 – Wirtschaft, Arbeit und Statistik (ed.): Statistisches Jahrbuch der Stadt Wien 2014.

Naturhistorisches Museum Wien, www.nhm-wien.ac.at

ÖBB-Infrastruktur Aktiengesellschaft, www.hauptbahnhof-wien.at

Österreichische Nationalbibliothek, Wien, www.onb.ac.at

Plachutta, Ewald & Christoph Wagner (eds): Das kulinarische Erbe Österreichs. The Culinary Heritage of Austria. Die 100 klassischen Gerichte. Wien: Perlen-Reihe 2011.

Prater Wien GmbH, www.praterwien.com

RTL interactive GmbH, www.vip.de

Schönbrunner Tiergarten-Gesellschaft m.b.H., www.zoovienna.at

Sedlaczek, Robert: Wörterbuch der Alltagssprache Österreichs. Innsbruck: Haymon 2011.

Schönbrunner Tiergarten-Gesellschaft m.b.H., www.zoovienna.at

Sisi Museum, Wien, www.hofburg-wien.at

Spanische Hofreitschule – Bundesgestüt Piber, Wien, www.srs.at

Stadt Wien, www.wien.gv.at

Statistik Austria, www.statistik.at

Tanzschule Elmayer, Wien, www.elmayer.at

Telekurier Online Medien GmbH & Co KG, http://kurier.at

Twin City Liner, www.twincityliner.com

Vienna City Marathon, www.vienna-marathon.com

Wien-konkret Medien GmbH, www.wien-konkret.at

Wiener Philharmoniker, Wien, www.wienerphilharmoniker.at

Wiener Riesenrad Dr. Lamac GmbH & Co. OHG, Wien, www.wienerriesenrad.com

Wiener Staatsoper, www.wiener-staatsoper.at

wienkultur.info, www.wienkultur.info

WienTourismus, www.wien.info; http://b2b.wien.info

Wikipedia, www.wikipedia.org

Wirtschaftskammer Wien, https://wko.at/wien

World Wide Web

www.oesterreichisch.net

www.ostarrichi.org

www.wienkultur.info

65 €

Teilnahme am Vienna City Marathon

Participation in the Vienna City Marathon

3,90 €

Käsekrainer mit Brot und Senf

Cheese sausage with bread and mustard

36–2.000 €

Strafen für nicht entfernten Hundekot

Fine for dog fouling

Mozartkugel

Mozartkugel

Stück Sachertorte

1 piece of Sacher cake

gratis / free

Sackerl fürs Gackerl

Dog poop bag

Melange

White coffee

36 € **Strafe für Falschparken**

Parking fine

CAR 2GO

0,31 €

1 Minute mit dem Car2Go

1 minute using Car2Go

Tragflügelboot Wien–Bratislava

Hydrofoil ride Vienna–Bratislava

Eintritt Kunsthistorisches Museum

Admission to Kunsthistorisches Museum

P

1 Stunde Parken in der Kurzparkzone

1 hour parking in the short-term parking zone

2 €